AF336205

COMPLAINTE

DES NYMPHES DE S.

GERMAIN DES PREZ

ET DE S. CLOV,

Sur le trespas de M.r de GONDY
Cheualier d'honneur de la
ROYNE.

*Dediée à Monsieur le Baron de Gondy
son fils.*

BIBLIOTHEQUE ROYALE

A PARIS,

Chez FRANÇOIS IVLLIOT, rue du Paon,
au Soleil d'or, prés la porte sainct Victor.

M. D. CIIII.

EPISTRE
A MONSIEVR
LE BARON
DE GONDY.

MONSIEVR, ie vous presente ces vers que i'ay fais sur le trépas de Monseigneur votre Pere, non en intention de renouueler vos douleurs, ains pour vous consoler au recit de son merite : ie vous coniure par l'amitié qu'il vous a pleu tousiours me témoigner de les auoir à gré, leur donnant aussi libre accez en votre bienvueillance comme vous auez daigné faire

A ij

par le passé, cela m'obligera à perseuerer, car ie ne desire rien de si cher que de vous faire preuue de la recognoissance que i'ay de votre merite & du desir que i'ay de demeurer

MONSIEVR

Votre tres-humble seruiteur

C. G. P.

COMPLAINTE DES
NYMPHES DE SAINT
GERMAIN DES PREZ
ET DE SAINT CLOV,

Sur le trespas de Monsieur de Gondy
Cheualier d'honneur de la Royne.

DEDIE'E A MONSIEVR LE
BARON DE GONDY SON FIZ.

ODE.

Vand la Parque eut sillé d'vne main
  iournaliere
Les yeus mors de GONDY voilez
  sous la paupiere,
  Deus Nymphes assemblées
L'vne à S. Clou nourrie, & l'autre à S. Germain,
Comparurent au bruit de l'outrage inhumain
  Desolément troublées.
Helas! quelle douleur! helas! (ce disoient-elles)
Quel aigre deconfort! quelles tristes nouuelles!
  GONDY notre esperance

A fermé ses deus yeus qui nous furent si dous,
Et la Mort inhumaine a plié ses genous
        Au gré de sa puissance!
    Il a franchi la riue où s'embarquent les ombres,
Il erre maintenant par les campagnes sombres
        Des hommes enuieuses!
On ne le verra plus en ces lieus desormais,
L'influance des Cieus l'a guidé pour iamais
        Aus terres oublieuses!
    Ha Mort impitoyable! ha fatales Etoiles!
Ha! Parques sans amour artizanes des toiles
        Qui terminent les vies!
En quelle vague (helas!) plongez vous nos espris,
Nous dérobant celuy qui fut l'heur & le pris
        De nos ames rauies!
    GONDY qui iour & nuit dans les belles
        campagnes
Nous conduisoit en rond par les herbes compagnes
        Qui la Seine couronnent!
Et qui nous deffendoit, par son authorité,
Des Satyres facheus orphelins de beauté
        Qui les Nymphes talonnent!
    Ha! qui nous baillera des antres & des plaines!
Qui nous élargira des roches, des fontaines,
        Des mons & des boccages!
Et qui, pour satisfaire à nos contentemens,
Emaillera pour nous mille compartimens
        Admirables d'ouurages!
    Qui marira pour nous le marbre à la verdure,
La verte pallissade à la peinte sculture,
        Les tableaus aus fleurettes!

7

Qui pourra deformais (egalat-il les Dieux)
Nous redonner ces biens, & l'heur ambitieux
        De ces graces parfaittes!
Par luy dans le pourpris de nos vertes demeures
Nº voyiõs tº les iours, prefque à toutes les heures,
        Les plus dignes perfonnes:
Par luy nous contemplions, au couuert de nos bois,
Les Roynes, les Seigneurs, les Princes, & les Roys
        Qui portent les couronnes.
Cõbien de fois HENRY Monarque de la Frãce
A til de fa Grandeur en ce lieu de plaifance
        Contenté notre veuë!
Et combien fon Epoufe admirable en vertus,
Qui des prefens meilleurs des Aftres dèuètus
        Eft richement pourueuë!
Que de larges plaifirs! que de pleines merueilles
Rauiffoient nos efpris, & charmoient nos oreilles
        En ce trein defirable!
Ha! les plaifirs plus dous qui viuent icy bas,
Ny ceus mefmes du Ciel ne s'accomparoient pas
        Au notre incomparable.
„ Rien ne dure en ce monde, ores la terre verte
„ Se bigarre de fleurs, ores elle eft couuerte
„   De frimas & de glace:
„ Ores l'air eft ferain, maintenant fur les mons
„ Le tonnerre flamboye, & délache les fons
„   D'vne étrange menace.
Déchiron nous la face, & de mains defolées
Arachons arachons nos treffes violées,
        Meurtriffon nos mamelles:
Et les cris en la bouche, & les cheueus épars,

Defceintes & nus piez couron de toutes pars
De nous méfmes bourelles.
Allon, marchon, couron, déployons nos furies;
Et vous fleurs, qui riez dans le fein dès prairies,
Terniffez vous contreintes:
Effacez vos couleurs , & vous arbres diuers
Deuetez l'ornement de vos branchages vers
En ces rudes atteintes.
Ruiffeaus tariffez vous, arétez vos murmures:
Oifeaus bornez vos chans, ou de vos pleintes dures
Couplez nos infortunes:
Et vous petis Zephirs doucement allechans,
Brifez vos ailerons, afin que par les chams
Toutes chofes foient brunes.
Qu'à faint Clou tout lamente & s'abandonne
aus larmes,
Qu'à S. Germain tout pleure, au côble des alarmes
Qui troublent nos penfées;
Que tout s'y change en dueil, en côpleintes, en cris,
Et que le trépas voife en leur vague pourpris
A courfes élancées.
Et toy Prince-Poëte engeance de la Thrace,
Grand Orphée aus beaus dois, égratigne ta face,
Ton chef & ta poitrine,
Puis que l'airain du Somme enchefne à cette fois
Celuy qui te fit luire en fa maifon de chois,
Par volonté diuine.
Élancé de regret, agité de martyre,
Dépece ton archet, brife ta douce Lyre
Qui force les tenebres;
Et fous vne langueur plus forte que iamais
(Sans

(Sans espoir de retour) aspire desormais
Aus Royaumes funebres.
On ne doit point suruiure aprés vn si bon Maitre,
Las! pourquoy le destin cruel nous fit-il naitre
Immortelles d'essence!
Nous mourrion maintenant, & parmy le deuoir
De mesmes nous verrion nos doleances choir
Au fons de l'oubliance!
L'immortalité dure ainsi nuit à Sisyphe,
Ainsi nuit à celuy qui succombe à la griffe,
Ainsi parmy les ondes
Elle offence Tantale, & mille & mille dont
Le desastre voltige & leur pend sur le front
En angoisses profondes.
Bons Dieus! quelle fureur ébranle nos courages!
Quels époinçonnemens, quels transpors, quels orages!
Quelle flame iritée!
Quels vens, quels tourbillons s'éleuent en nos cœurs!
Oreste ne sentit de pareilles fureurs
Athamas ny Penthée!
O G O N D Y qui fus grand de lustre & de noblesse!
Qui fus étincelant de biens & de richesse,
Et d'heur & de merite!
G O N D Y qui n'es plus rien que poudre entre les mors!
Nous seules n'éprouuons ses indignes effors
Où l'horreur nous inuite!
Les Nymphes de Monceaus, où la Marne s'égaye,
De Fontainebelleau, de saint Germain en Laye,
Celles des Tuilleries
En leurs ressentimens épreuuent ton decez,
Et vont, en la rigueur de ce barbare excez,

B

Dolentes & marries.

Les Muses aus yeus dous, aus attrais angeliques,
Belles filles des Cieus, Princesses des Musiques,
    Te pleurent, te lamentent:
Phebus aus cheueus d'or, non tondus, radieus,
S'en compleint, en soupire, & tous les demy-Dieus
    Auecques s'en tourmentent!
La Cour en est en dueil, ses Filles en gemissent,
Les Dames, les Seigneurs, les Princes en palissent,
    La ROYNE est desolée:
Sa Maiesté regrette & pleint son Cheualier,
Et le ROY qui s'afflige en ton Occident fier
    Rend sa peine égalée.
Le DAVPHIN souleué des ennuis de son Pere,
L'INFANTE ressentant les douleurs de sa Mere
    Leurs petis frons en rident:
Et bref toute la France en témoigne vn lon dueil,
Absente de celuy qui l'embla du cercueil
    Où ses craintes resident.
Seulement les Espris des campagnes d'Elise
En ont de l'allegresse, vn plaisir les attise
    Qui ne se peut comprendre:
Où le feu ROY dernier qui te vient receuoir
Apparoit dessur eus comme vn Pin se fait voir
    Sur vn boccage tendre.
Ils bondissent de ioye, ils trepignent, ils chantent,
Ils murmurent des mains, les instrumens ils tentent
    De manieres diuerses,
Et loin de ce bon heur qui leur flatte les sens
Nous plorons, hebergeant pour leurs contentemens
    Mille dures trauerses.

Ainſi des paſſetems qui iadis ſe conceurent
Aus noces de Tethis, où les plus grans Dieus furent
    Deſſur vne montagne,
Le malheur s'engeandra qui rua par apreẓ
Les gendarmes Troyens & les gendarmes Greẓ
    Au lon de la campagne.
Deſeſpoir, deſeſpoir outreẓ nos fantaiſies,
Entreẓ entreẓ horreurs en nos ames ſaiſies
    De fureur & de rage:
Débandeẓ ſur nos chefs affreuſement dreſſeẓ
Vos ſerpens venime us de creſtes heriſſeẓ
    En cruel auantage.
Ainſi l'vne auecq' l'autre, en leur dueil aſſemblées,
Durement lamentoient les deus Nymphes troublées,
    Quand vne vois ſoudaine
(Ariuante des airs au gré de leur ſoucy)
Leur parla de la ſorte, & leur cria cecy
    Pour abattre leur peine.
,, Vierges, que la triſteſſe & que l'ire domine,
,, L'on ne doit irriter l'influence diuine,
,,   Qui va par le contraire
,, La Nature il offence, & peche enuers les Cieus,
,, Et rebelle déplaît à ce qui plaît aus Dieus
,,   A qui l'on doit complaire.
,, C'eſt vn areſt qui pend à chacque deſtinée
,, Qu'en naiſſant toute choſe eſt ſoudain condamnée
,,   A la Mort qui tout change,
,, Qui toute choſe altere, & qui diſſipe tout
,, De l'Ourſe au Garamante, & de l'extreme bout
,,   A la riue du Gange.

≺ *Tant seulement les Dieux qui mangent l'ambrosie*
,, *Font barriere au trépas, l'humaine fantaisie*
,,　　　*Courbe à sa violence:*
,, *La terre enferme tout, Princes & laboureurs,*
,, *Mettant les Vignerons, mettant les Empereurs*
,,　　　*En égale balance.*
,,　　*Les fleurs meurent l'Eté, les fueilles en Autonne,*
,, *Et tout soudain qu'aus chams le Printems se redonne*
,,　　　*Leurs perruques renaissent:*
,, *L'homme ne renaist plus quand les Parques l'ont pris,*
,, *Et que leurs dois meurtriers, aus desastres appris,*
,,　　　*Ses prunelles abaissent.*
,,　　*Iupiter de Taureaus immolez se contente,*
,, *Mais Pluton (qui Titye & Gerion tourmente*
,,　　　*En son bas precipice)*
,, *Desire les humains, & n'emplit ses autels*
,, *D'autre victime (helas!) que des pauures mortels,*
,,　　　*Barbare sacrifice!*
,, *En vain l'on se maintient, en vain l'on se conserue,*
,, *Il faut laisser thresors & biens mis en reserue*
,,　　　*Que là bas on adore:*
,, *Terres, meubles, chateaus & palais triomphans;*
,, *Et faut abandonner sa femme & ses enfans,*
,,　　　*Et ses iardins encore.*
,,　　*Seulement les Cyprez contre volonté suiuent*
,, *Leurs maitres peu viuans où leurs ombres ariuent*
,,　　　*Grailettes & menues:*
,, *Les plus grans l'ont connu, c'est vne antique loy*
,, *Que le fiz de Saturne écriuit de son doy*
,,　　　*Sur la face des nues.*

La grande CATHERINE (en qui toutes les Muses
Furent comme à l'enui diuinement infuses)

Vous en rend témoignage:
Car bien qu'elle fut seur au plus digne des Rois,
Elle est toutesfois morte, & des Royaumes cois
　　Elle a fait le voyage.

Nymphes bornez vos cris, recalmez vos pensées,
Accoisez les douleurs dont elles sont poussées,
　　Les Astres le commandent:
,, Quand l'Hyuer se renferme auecques ses glaçons,
La gaye Primeuere étale ses moissons
　　Qui les delices rendent.

Ne pleurez plus G O N D Y, ne regrettez plus (belles)
Son absence fâcheuse, allentez les querelles
　　Que sa fin vous apporte:
En son lieu vous auez (heritier de son bruit)
G O N D Y son fiz vnique où la vertu reluit,
　　Qui sera votre excorte.

Il vous retablira, par luy vous serez mises
Au sommet du bonheur reprenant vos franchises,
　　Vos honneurs & vos gloires:
Par luy d'vn front superbe à iamais vous serez
Des Nymphes l'outre-passe, & des autres pourrez
　　Effacer les victoires.

Comme on voit le Phenix qui d'vne autre s'engendre
En la mort de son pere il vous naît, pour étandre
　　Vos renoms par le monde:
Car il aime la Muse, & caresse les vers,
Sur qui voguent les noms de long & de trauers
　　Par la machine ronde.

Puis vous aurez sa Nymphe en votre compagnie,
Dont les yeus éclairans d'vne grace embrunie
　　Effacent les Etoiles:
Et par elle verrez les Nymphes de la Cour,

Brillantes comme vn Astre au celeste contour,
Quand la nuit tend ses voiles.
A tant la vois se teut, & les Nymphes contentes
Desaigrirent leur ame, & leurs graces riantes
Leur teint recoulourerent:
Et comme deus vaisseaus qui desancrent du port
Sous vn vent fauorable & dous en son effort,
Elles s'en retournerent.

EPITAPHE DE
MONSIEVR DE GONDY.

CY git GONDY prudent & sage,
Qui tira par vn mariage
Tout ce Royaume de souffrance:
Marche passant, car tu n'es pas
Digne de pleurer son trépas,
Il luy conuient toute la France.

www.ingramcontent.com/pod-product-compliance
Lightning Source LLC
LaVergne TN
LVHW010117060726
842524LV00006B/2581